はじめに

　たすけあい大田はせさんずは、1996年から地域で助け合いの活動をしてきました。高齢になっても障害があっても「ずっとこの街で暮らしたい」その願いをかなえるためです。介護保険制度が始まった2000年には訪問介護事業を開始、以後、居宅介護支援、通所介護の事業を順次加え、障害福祉サービス事業にも携わって、公的制度の一翼を担うとともに、軸足はずっと助け合いに置いてきています。

　成年後見制度は、やはり2000年にスタートした制度です。従来の禁治産・準禁治産の制度を改めてできたものですが、注目すべきは新設された任意後見のしくみです。判断能力が十分なうちに、その低下に備えて、自ら信頼する相手を選び、財産管理や生活支援のあり方を託す契約（任意後見契約）をしておくというもの。本人の意思を最大限尊重するためのしくみといえます。はせさんずの活動とも相通じるものがあります。

　日々の活動のなかで、判断能力の低下がみられる利用者に接するとき、この制度がもっと活用されたら……、と感じることが少なくありません。どういう生活を望むのか、費用はどういうところにどう使いたいか、わかっていればもっと支援しやすいし、本人も安心できるのではと思わされます。成年後見制度は、決して資産のある人だけが利用するものではないのです。

　このノートは、「わたしのこれから」について、意思を明らかにするための「成年後見準備ノート」です。

　自分の人生は生涯自分で決めたい —— あなたもそう望んでいませんか？　そのためには、意思表示をすることが必要です。伝えたいことを記録しておくために、このノートを活用してください。すべての項目を無理に書く必要はありません。少しずつ、考えを定めていきたいこともあるでしょう。

　このノートが、あなたのこれからのプランニングに、そしてあなた自身の意思を確認するために、助けになれば幸いです。

認定NPO法人たすけあい大田はせさんず

わたしは…

（ふりがな）

氏名

生年月日　　　　　　　　　　　　　　　　　　　年　　　　月　　　　日

〒

住所

〒

本籍

わたしの写真

お気に入りの写真を貼りましょう。

撮影日　　　　年　　　月　　　日

代筆者氏名

わたしとの関係

もくじ

はじめに …………………………………………………… 1

わたしは… …………………………………………………… 2

1　成年後見制度を知る　4

1　成年後見制度はこんなときのために　………… 4

2　法定後見と任意後見がある　………………… 6

3　後見人等に託せるのはこんなこと　………… 6

4　よりわたしらしく。そのために「任意後見」 8

5　わたしが今のうちにすべきことは…　……… 8

2　今のわたしのこと　10

1　生活のようす　………………………………… 10

2　医療関連　……………………………………… 12

3　介護・看護や生活支援サービス　…………… 13

4　家族・親族　…………………………………… 14

3　わたしの思い出・あゆみ　16

4　わたしはこうしてほしい　18

1　財産………………………………………………… 18

2　身辺整理や形見分け　………………………… 19

3　終末期医療・延命治療について　…………… 19

4　葬儀・埋葬　…………………………………… 19

5　介護が必要になったら…　…………………… 20

6　特に伝えておきたいこと　…………………… 21

7　もしものときの連絡先　……………………… 21

5　任意後見を託す人を決める　22

この人に託します　………………………… 22

問い合わせ・相談窓口　…………………………… 23

参考資料など　………………………………………… 24

1 成年後見制度を知る

Q 聞いたことはあるのですが、成年後見制度って、
具体的にどんな制度なんでしょう？

A 知的障害や精神障害、認知症などにより、判断能力が不十分な人を保護し、
支援するのが目的です。財産管理や、生活していくうえで必要な保健医療・
介護サービスの契約などの法律行為に関して、後見人等が選ばれ支援にあた
ります。判断能力の程度などその人の事情に応じた制度・類型があります。

1 成年後見制度はこんなときのために

ケース1

後見
☞ P.6

Aさん（男性）は、アルツハイマー病を患っており、**知人や家族の顔もわ
からないほど**になっています。症状は進行して回復の見込みも乏しく、入院
生活が続いていましたが、弟が突然亡くなり、大きな負債を相続することに
なってしまいました。家族としては放棄したいところです。

そこで、Aさんの**妻**が**後見開始**の審判を申し立てました。家庭裁判所の審
理により、**妻**が**成年後見人**に選任され、相続放棄の手続きをすることができ
ました。ただし、最近は親族が後見人に選任されることは少なくなりました。

ケース2

保佐
☞ P.6

Bさん（女性）は夫を亡くして一人暮らしです。少し前から認知症の症状
がみられましたが、買い物で出すお札をまちがえるなど**日常生活に支障が出
てきた**ため、離れて住む息子夫婦が引き取り同居することになりました。そ
れにあたって息子は、Bさんの土地建物を売却して処分したいと考えます。

そこで**息子**が、**保佐開始**と、土地建物の売却についての**代理権付与**[*1]の、審
判の申立てをしました。家庭裁判所の審理により、**息子**が**保佐人**に選任され、
また、居住用不動産の処分について許可の審判も受け、売却手続きを進めま
した。

1 成年後見制度を知る

ケース3

補助

☞ P.6

　Cさん（女性）は、未婚の長女と二人暮らしです。家事全般を担っていましたが、最近、物忘れのため失敗をするようになりました。また、必要のない高価な寝具を訪問販売でいくつも購入してしまうなど、**家計の判断を任せるには不安**な状態になってきました。日中は会社勤めの長女は困っています。

　そこで**長女**は、**補助開始**と、Cさんが一定額以上の買い物をすることについて**同意権付与**[*2]の、審判の申立てをしました。家庭裁判所の審理により、**長女が補助人**に選任され、同意権が与えられました。こうして、Cさんが独断でした一定額以上の商品購入については、長女が契約を取り消すことができるようになりました。

ケース4

任意後見

☞ P.6

　Dさん（男性）は、自ら所有する賃貸集合住宅の管理をしていましたが、還暦を機に長男との間で任意後見契約を結びました。**判断能力の衰えに備えて**のことです。やがてDさんに認知症の症状が現れ、徐々に進行して、管理すべき不動産を所有していることも忘れるようになりました。そろそろ潮時と思われます。

　そこで**長男**は、**任意後見監督人選任**[*3]の審判を申し立てました。家庭裁判所の審理により、弁護士が任意後見監督人に選任され、契約どおり**長男が任意後見人**として賃貸集合住宅の管理を含む財産管理、生活支援を行うようになりました。

※ケース1〜4については、法務省ホームページ「成年後見制度—成年後見登記制度」を参考に作成。
＊1　代理権とは、本人に代わって契約など特定の法律行為を行う権利。
＊2　同意権付与により、本人が自分で法律行為をする際、同意権のある人の同意を得なくてはならず、同意のない契約は取り消すことができる。
＊3　任意後見監督人は、任意後見人が契約どおり適正な事務を行っているかを監督する。任意後見は、任意後見監督人が選任されてから開始される（→ p.9）。

成年後見制度の基本理念

ノーマライゼーション	自己決定の尊重	権利擁護
障害があっても、地域のなかであたりまえの生活ができる	自分で決めたこと、意思が尊重される	意思表示ができない場合も、代弁などにより権利が擁護される

5

2 　法定後見と任意後見がある

　成年後見制度には、法定後見制度と任意後見制度の2つがあります。

　法定後見制度には、後見、保佐、補助の3類型があり、それぞれ、成年後見人、保佐人、補助人が選任され、本人を保護し、支援する仕事をします。3類型の決定、および後見人等を選任するのは家庭裁判所の権限です。

　これに対して任意後見制度は、本人が判断能力が十分あるうちに自分で選んだ人と任意後見の契約を結んでおくものです。任意後見制度については、のちほど改めて紹介します。

3 　後見人等に託せるのはこんなこと

　判断能力が十分でなくなったときに保護・支援してくれるのは後見人等（成年後見人、保佐人、補助人、任意後見人）です。実際にどんな仕事を頼めるかというと、次ページの表のように、おもに財産管理に関するもの、生活支援に関するもの（身上監護）が想定されています。

　生活支援に関するものを託すといっても、後見人等自身が、直接介護サービスを提供したりするのではありません。そうではなく、本人に必要なサービスが適切に受けられるよう、本人に代わって事業者と契約を結び、料金の支払いやサービス内容のチェックをしたりする役割をもっています。

法定後見の3類型と任意後見

類型	法定後見			任意後見
	後見	保佐	補助	
本人の判断能力	喪失	著しく不十分	不十分	判断能力が十分なうちに自分で選んだ人と契約（公正証書）。判断能力が低下し、申立てにより任意後見監督人が選任されて任意後見開始
申立人	本人、配偶者、4親等内の親族、任意後見人、区市町村長など			
申立てにあたっての本人の同意	不要	不要	必要	
保護・支援にあたる人	成年後見人	保佐人	補助人	任意後見人
保護・支援の範囲	日用品の購入その他日常生活に関する行為以外の法律行為	申立てにより家庭裁判所が定める特定の法律行為		契約で定めた財産管理や療養看護などに関する法律行為

1　成年後見制度を知る

後見人等に託せること・託せないこと

※後見人等：成年後見人、保佐人、補助人、任意後見人

後見人等に託せること	制度の適用外
財産管理 ● 預貯金や現金などの金銭管理、年金収入などの管理、生活に必要な経費の支払い ● 住宅や土地など不動産の管理、必要な修繕の手配など*1 ● 悪徳商法などによる本人に不当な契約の取り消し **身上監護** ● 家事援助・介護など直接的な生活支援をする人の手配・契約 ● 生活必需品購入の手配 ● 福祉サービス等の手配・契約 ● 健康管理、医師・病院などの手配・契約、治療方針等の話し合い ● 趣味や娯楽のための支援や手配 ● 居住場所の相談・決定、必要に応じて施設等への入所手配・契約、移住や家財処分の手配	● 身元引受人 ● 保証人 ● 手術等の医療同意
死後事務*2 ● 死亡時や葬儀の連絡など	● 相続手続き

＊1　本人の居住用の不動産の処分については事前に家庭裁判所の許可が必要。
＊2　契約は原則として本人の死亡で終了するが、本人委託による死後事務も行うことがある。家庭裁判所の許可を得て火葬や埋葬に関する契約などができる。

後見人等の役割

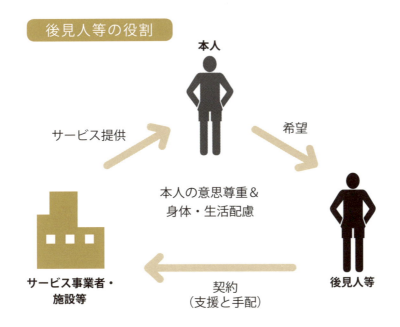

4　よりわたしらしく。そのために「任意後見」

　これまで見てきたように、成年後見制度は、大きく法定後見制度と任意後見制度に分けられます。それぞれ、選任された後見人等が保護・支援をしてくれるしくみですが、法定後見制度では、家庭裁判所が後見人等を選び、任意後見制度では、自ら任意後見人を選んでおくという違いがあります。

　すなわち「任意後見」は、十分な判断能力があるうちに、自分で選んだ人と、以後の生活や、療養看護、財産管理などに関して、代理権を与える契約を公正証書で結んでおくものです。託す内容も、自分の意思で決めておくことができます。わたしらしい生き方を全うするためには、「任意後見」がよりふさわしいといえるでしょう。

5　わたしが今のうちにすべきことは…

　判断能力が低下しても、わたしらしい生き方を全うするために、「わたしのこれから」を後見人等に託す方法があることがわかりました。といって、何もせずにいて安心なわけではありません。託すための準備が必要です。元気なうちから、次のようなことを準備しておきましょう。どれも、このノートで整理できます。

意思を明らかにしておく
- もしものとき、どうしてほしいかがわかるように
- 複数の方法があることについての選択がわかるように

わたしらしい生活の要点を明記しておく
- 第三者にわかるように
- 価値観が伝わるように

必要な情報・書類のありかを示しておく
- このノートがどこにあるかわかるように
- もっと詳しい情報がある場合、その場所がわかるように

何を託すか、または託さないかを決めておく
- 譲れないことははっきりと
- 推測してもらっていいことはそのように

任意後見人を決めておく、または候補者を選ぶ
- 信頼できる相手に託せるように
- 法定後見に移行したとしても、意思が伝わるように

任意後見の契約から開始まで

1　任意後見契約の締結
- 本人が任意後見人（任意後見受任者）を選ぶ
- 託す内容を決める
- 公証役場で任意後見契約（公正証書にする）

本人の判断能力の低下

2　任意後見契約の発効
- 家庭裁判所に任意後見監督人選任の申立てをする
（申立人となるのは、本人、配偶者、4親等内の親族、任意後見受任者）

3　家庭裁判所の審判
- 任意後見監督人を選任

4　任意後見の開始

法定後見の開始まで

本人の判断能力の低下

1　法定後見の申立て
（申立人となるのは、本人、配偶者、4親等内の親族、任意後見人、区市町村長など）

2　家庭裁判所での審判など
- 審問
- 調査
- 鑑定
- 審判（類型の決定→後見人等の選任）

3　法定後見の開始

※任意後見受任者と委任契約していても、契約から長い期間が過ぎ、任意後見受任者が高齢になったり、委任者の判断能力が著しく低下したりした場合、家庭裁判所の判断で法定後見になることもある。

2 今のわたしのこと

Q これからのことを思うといろいろ不安で、任意後見を頼みたい気はしますが、何をどう整理して託したらいいか、わかりません。

A 自分の好みや価値観を見直すことから始めてみましょう。今の自分のようす、日々の過ごし方などを書きながら、家族や地域社会のなかで占めている位置を確認することも大切です。

 1　生活のようす

日々の過ごし方　　例：定年退職したあとはずっと家にいて、犬の散歩や鉢植えの手入れをしながらのんびり過ごしている。
1週間のうち3日はパートタイムの勤め、3日は専業主婦、1日は趣味のテニス。

こんな仕事をしています　　例：町会役員として町会イベントの手伝いをしている。
近所の歯科医の受付として勤めている。

こんな資格や特技があります　　例：運転免許、教員、看護師、調理師、英会話

2 今のわたしのこと

こんな趣味を持っています

例：自動車の運転が好きで年1回は妻を乗せてドライブ旅行に行く。
油絵を描き始めて10年になり、展覧会で入賞したこともある。

友人、親戚、近所づきあいなど

例：歌の好きな仲間がいて、近所のカラオケへ一緒に行く。
マンション自治会の話し合いにはなるべく出席するようにしている。

食事、服装や住まいについて

例：ふだんは和食中心だが、食べ物の好き嫌いはない。

喫煙・飲酒の習慣

喫煙をしています　　　　　はい　／　いいえ
1日の量：

飲酒をしています　　　　　はい　／　いいえ
1日の量：

大切にしていること・好きなもの

例：ペットの犬を飼っている。

2 医療関連

かかりつけの医院など

◆ 医院・病院名：　　　　　　　　　　　　　　　　TEL：

　診療科：　　　　　　　　　　　　　　　　　担当医師：

　病名

◆ 医院・病院名：　　　　　　　　　　　　　　　　TEL：

　診療科：　　　　　　　　　　　　　　　　　担当医師：

　病名

◆ 医院・病院名：　　　　　　　　　　　　　　　　TEL：

　診療科：　　　　　　　　　　　　　　　　　担当医師：

　病名

持病や既往歴

かかりつけの薬局

◆ 薬局名：　　　　　　　　　　　　　　　　　TEL：

　病名・薬名：

　服薬頻度：

◆ 薬局名：　　　　　　　　　　　　　　　　　TEL：

　病名・薬名：

　服薬頻度：

2 今のわたしのこと

処方薬以外の薬や補助食品

3 介護・看護や生活支援サービス

今こんなサービスを受けています

◆ 事業所名：　　　　　　　　　　　　　　　TEL：

サービスの種類：

担当者：

◆ 事業所名：　　　　　　　　　　　　　　　TEL：

サービスの種類：

担当者：

◆ 事業所名：　　　　　　　　　　　　　　　TEL：

サービスの種類：

担当者：

その他

4 家族・親族

続柄	氏　名	住所・TEL	備考

家系図

該当する人の名前を入れましょう。

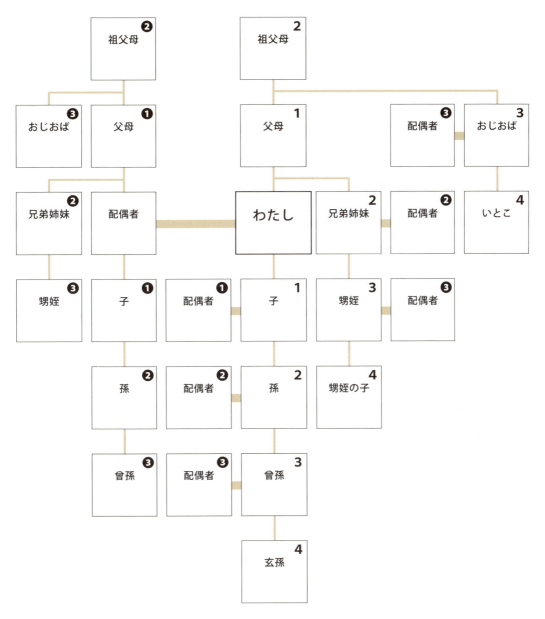

1～4　血族
❶～❸　姻族

任意後見契約の発効に向けて任意後見監督人の選任の申立てができるのは、本人、配偶者、4親等内の親族と、任意後見受任者（任意後見人になることを契約で定めた人）です。

3 わたしの思い出・あゆみ

Q わたしらしい生き方を伝えるためには、
どうすればいいでしょうか。

A 今までどのように歩んできたかを知ってもらうために、思い出に残ったことや経験したことなどを書いておきましょう。

子ども時代

学生時代

就職したころ、その後の仕事について

結婚や家族のこと

その他

写真

子ども時代や学生時代、家族写真、
また働いているときや旅行したときなど、
気に入った写真を何枚か貼りましょう。

4 わたしはこうしてほしい

Q 気になることはいろいろ出てきました。
任意後見人には、どのような仕事を、いつから頼めるのですか。

A 規定上は内容の制限はありません。また、仮に財産管理を託すとしても、金銭の出入りのすべてでなく、託す範囲を決めておくことができます。実際に仕事をしてもらえるのは、家庭裁判所により任意後見監督人が選任されてからになりますが、判断力が低下する前から、見守り契約や財産管理委任契約を結んでおくこともできます。

ケース5
見守り契約

Eさん（女性）は一人暮らしです。しっかり者で現在は特に問題がありませんが、いざ認知症になったときのことは心配です。将来に備え、自分が介護ボランティアでかかわっている **NPO法人** と **任意後見契約** を結びました。でも、「誰が私の判断能力の低下に気づいてくれるだろう」という不安もあり、このNPO法人と、見守り訪問などで **判断能力の低下に気づいてもらう見守り契約** も結びました。

ケース6
財産管理委任契約

Fさん（男性）は、妻と二人暮らしで子どもはありません。長い間病床にあり、日常の金銭の出し入れに銀行に出向くことがむずかしい状態です。これまでは妻に頼っていましたが、将来に備え、近くに住む **甥** と **任意後見契約** を結ぼうと考えました。頭はしっかりしていて、判断能力に問題はありませんので、任意後見開始には早いようです。そこで、財産管理委任契約も同時に結び、**預金通帳の保管や銀行預金の出し入れ** などを実際に行ってもらうことにしました。

1 財産

わたしの財産は
- ☐ できるだけわたしの"これから"に使ってほしい
- ☐ なるべく子どもや孫に残したい
- ☐ 自分が使った残りを子どもや孫へ

遺言書について　　　□　ない　（相続は法令どおりでよい）

□　ある　（□　自筆遺言書がある　□　公正証書遺言書がある）

保管場所・遺言執行人：

2　身辺整理や形見分け

□　形見分けの指定があるので家財処分にあたっては確認してほしい

　　詳細を記載した書類の保管場所・保管している人：

□　不要なものはいつでも処分してよい

□　わたしが生存しているあいだは以下のものを保存しておいてほしい。その他のものはいつでも処分してよい　　　　　　　例：写真やアルバム、日記や手紙、記念トロフィー　など

3　終末期医療・延命治療について

病名・余命の告知は　　□　教えてほしい　　　　　□　教えないでほしい

回復の見込みがない末期状態のわたしに生命維持装置等による延命治療は

　　　　　　　　　　　□　行ってほしい　　　　　□　行わないでほしい

尊厳死宣言書　　　　　□　ない　　　　　　　　　□　ある

　　　　　　　　　　　保管場所・保管している人：

4　葬儀・埋葬

葬儀を　　　　　　　　□　希望しない

□　希望する　（葬儀の生前予約の有無　□　ない　□　ある）

生前予約している会社名など：

葬儀の規模	☐ 家族のみ参加　　　☐ 家族と親族が参加
	☐ 家族、親族のほかに親しい友人や知人なども参加
	☐なるべく多くの人に来てほしい

信仰の有無	☐ ない
	☐ ある　　　宗教・宗派：
	名称：
	所在地：

菩提寺・墓地・納骨堂など	☐ ない
	☐ ある　　　宗教・宗派：
	名称：
	所在地：

その他	例：死後の事務を頼みたい。

5 介護が必要になったら…

☐ 可能な限り自宅で過ごしたい
　　　☐ 家族に介護してもらいたい
　　　☐ ヘルパーなどに介護してもらいたい
　　　☐ その他（　　　　　　　　　　　　　　　　　　　　　　）
☐ 介護施設等で過ごしたい
　　　☐ 住み慣れた地域にある施設がよい
　　　☐ 適当な施設を選んでほしい
☐ 住む場所は自宅でも施設でも介護してくれる人に任せる
☐ 家族・親戚と（ときどき・たびたび）会いたい
☐ 友人・知人と（ときどき・たびたび）会いたい
☐ できるだけ趣味（　　　　　　　　　　　　　）を続けたい
☐ できるだけ運動（　　　　　　　　　　　　　）を続けたい
☐ できるだけペット（　　　　　　　　　　　）と一緒にいたい

- ☐ 信仰している寺社・教会などにときどき参詣したい
- ☐ できるだけ選挙などの社会参加がしたい
- ☐ ときどき買い物や散歩などに外出したい
- ☐ ときどき旅行に行きたい
- ☐ 好物を買って食べたり、外食したりしたい
- ☐ 喫煙や飲酒などの習慣を続けたい
- ☐ いつも身ぎれいにしておしゃれな衣服を着ていたい

その他

6 特に伝えておきたいこと

7 もしものときの連絡先
家族や友人など、すぐに連絡の必要な人を書いておきましょう。

氏　名	TEL	住　所	関　係

5 任意後見を託す人を決める

Q 任意後見人には、どんな人がなれるのですか。

A 特に規定はありませんが、信頼のおける、ある程度法的知識と管理能力のある人で、できれば医療・福祉サービスにも通じている人がいいでしょう。法人に託すこともできます。弁護士、司法書士、社会福祉士などの専門職やその団体、NPO法人で、受任を表明しているところもあります。

この人に託します

わたしは、任意後見をこの人に託します。

（ふりがな）

氏名　　　　　　　　　　　　　　　様　　関係

住所

TEL

はせさんず より

託せる人が見つからない場合、たすけあい大田はせさんずでも相談に応じます。
弁護士や介護関連事業所、NPOなどと連携をとって法人としてあなたを支えます。

問い合わせ
相談窓口

◆制度全般

- 法務省民事局参事官室　03-3580-4111

- 日本司法支援センター・法テラス（サポートダイヤル）　0570-078374

- 全国の弁護士会
  - 日本弁護士連合会「ひまわりお悩み110番」　　　　　0570-783-110
  - 東京弁護士会高齢者・障害者総合支援センター「オアシス」　03-3581-2201
  - 第一東京弁護士会成年後見センター「しんらい」　　　03-3595-8575
  - 第二東京弁護士会高齢者・障害者財産管理センター「ゆとり～な」　03-3581-2250

- 全国の司法書士会
  - 成年後見センターリーガルサポート本部　　03-3359-0541
  - 成年後見センターリーガルサポート東京支部　03-3353-8191

- 日本社会福祉士会と全国の社会福祉士会
  - 日本社会福祉士会権利擁護センターぱあとなあ　03-3355-6546
  - 東京社会福祉士会（ぱあとなあ東京）　　　03-5944-8466

- 全国の社会福祉協議会
  - 大田区社会福祉協議会成年後見センター　03-3736-2022

※後見人等の受任の相談に応じるところもあります。各団体のホームページなどを参照してください。

◆任意後見契約

- 日本公証人連合会　03-3502-8050

- 全国の公証役場
  - 大森公証役場　03-3763-2763
  - 蒲田公証役場　03-3738-3329

◆後見の申立てなど

- 全国の家庭裁判所
  - 東京家庭裁判所後見センター　03-3502-5359
  - 東京家庭裁判所立川支部　　　042-845-0324

相談は、たすけあい大田はせさんずへもお気軽に
03-5747-2610

参考資料など

西川浩之・小嶋珠実・齋藤修一 著　シニアルネサンス財団 編『高齢社会NGO連携協議会 「市民後見人養成講座」テキスト』（高齢社会NGO連携協議会）

齋藤修一・村田光男 監修『「成年後見制度」をもっと身近に―市民後見人養成講座テキスト』（シニアメイトサービス）

"ら・し・さ"ノート編集委員会編『よりよい生き方意思表示のお手伝い "わたしらしさ"ノート』（市民福祉団体全国協議会）

『わたしの安心のーと』（福祉コミュニティ大田）

法務省「成年後見制度―成年後見登記制度」（法務省ホームページ）

「ご案内します　成年後見制度」（大田区社会福祉協議会成年後見センター）

任意後見サポートクラブ『すぐわかる、よくわかる！　任意後見サポートキット』（文芸社）

佐々木静子編『シリーズ・高齢者の暮らしを支えるQ＆A②　成年後見制度Q＆A』（ミネルヴァ書房）

遠藤英嗣『高齢者を支える市民・家族による新しい地域後見人制度―市民後見人の実務コメント付き』（日本加除出版）

デザイン・DTP　Kuriya Kayoko

監修者

遠藤　英嗣（えんどう　えいし）

遠藤家族信託法律事務所弁護士。宮城県生まれ。法務局検事、東京法務局所属公証人（蒲田公証役場）を経て現職。日本成年後見法学会常務理事。たすけあい大田はせさんずの市民後見人基礎講座では講師を務める。おもな著作に『新しい家族信託―遺言相続、後見に代替する信託の実際の活用法と文例』（日本加除出版、2013年）、『成年後見制度をめぐる諸問題』（共著、新日本法規出版、2012年）、「任意後見契約における死後事務委任契約の活用―契約の流れと契約にあたっての留意点を中心に」『実践成年後見』No.38（民事法研究会、2011年）など。

著者

認定NPO法人たすけあい大田はせさんず

「困った人がいたらまず馳せ参じる」をモットーに活動するNPO。1992年「大田区の高齢化社会を考える会」として発足、1996年助け合い活動開始、1999年NPO法人たすけあい大田はせさんず設立、2014年認定NPO法人に。会員制たすけあい事業（福祉有償運送を含む）、介護予防事業（元気かい）、介護保険事業（訪問介護、居宅介護支援、通所介護）、障害福祉サービス事業（居宅介護、重度訪問介護、行動援護、移動支援）、成年後見事業を展開。
会員数：376名（2016年3月末現在）

146-0082　東京都大田区池上4-28-3
TEL　03-5747-2610　　FAX　03-5747-2620
http://hasesanz.com/

成年後見準備ノート　わたしのこれから

2016年10月30日　初版第1刷発行

監修者　遠藤英嗣
著　者　たすけあい大田はせさんず
発行人　小林豊治
発行所　本の種出版
〒140-0013　東京都品川区南大井3-26-5　3F
電話　03-5753-0195　　FAX　03-5753-0190
http://www.honnotane.com

印刷　シナノ書籍印刷
© たすけあい大田はせさんず　2016
本書の無断転載、複製、複写（コピー）を禁じます。
落丁・乱丁本はお取り替えします。

ISBN978-4-907582-13-5
Printed in Japan

4訂版
イラストでわかる 消防訓練マニュアル

消防教育訓練研究会　菊地　勝也　編著

東京法令出版